JN438278

말들이 얼룩말 되어

-2016 시문 작가회 작품집

말들이 얼룩말 되어

-2016 시문 작가회 작품집

한명환 · 장수라 외

시와문화

■책머리에

삶에 뿌리내린 치열한 시정신

계간 《시와문화》를 세상에 선보인 지 올해로 10년째 접어든다. '평등과 소통을 지향하는 시 전문지'를 표방해 온 대로, 그동안 풍부한 역량을 지니고 있으면서도 소외되어 온 시인들의 마당이 되고자 힘써 왔다. 또한 우리 시의 토양이 되는 사회와 문화 환경을 부단히 주시하고 바람직한 대안을 제시하는 데 주력했다.

'시문 작가회'는 본지 신인상 제도를 통해 시단에 나온 시인들이 주축이 된 모임이다. 본지에서는 그동안 창간 취지에 발맞추어, 시인이 몸담고 있는 삶과 세계에 대한 진지한 사유와 함께, 겉만 요란한 수사보다는 단단한 시적 체질을 갖춘 이들을 골라 우리 시단에 소개해 왔다.

시단 내외의 어려운 여건 가운데서도 이분들은 대부분 꾸준히 시단 활동을 지속해 왔고, 지난해에는 '시문 작가회'라는 동인 모임을 결성하여 함께 비판하고 격려하면서 시의 활로를 열어가고 있다. 지나친 상업주의의 만연과 함께 오도된 인기 영합주의가 휩쓸고 있는 풍토에서 벗어나, 시에 대한 열정을 간직하면서 우리 시의 밝은 미래를 모색하는 데 적합한 둥지라는 생각이 든다.

이번에 '시문 작가회' 활동의 첫 결실로 공동 작품집 『말들이 얼룩말 되어』를 펴내게 되었다. 진즉 이만한 책자는 묶고도 남았겠지만, 자신들을 내세우는 걸 서두르지 않는 품성 탓에 늦어진 감이 있다.

하지만 그만큼 삶 속에 깊게 뿌리를 내린 가운데, 시류에 편승하지 않으면서 묵묵히 시의 본령를 지켜가는 모습들을 생생하게 만날 수 있는 작품집이 되었다. 본지와 함께 어깨를 걸고, 우리 시의 밝은 내일을 열어가는 데 큰 힘을 보탤 것으로 믿는다.

첫 공동 작품집의 출간을 진심으로 축하한다. 앞으로도 서로를 더욱 따스하게 비판 격려하면서 시인 개개인의 역량을 제고하고, 그를 바탕으로 우리 시의 활로를 여는 한 거점이 되기를 바라 마지않는다.

2016년 정초

《시와문화》 주간 박 몽 구

|차 례|

김　림

벽 외 3편

서울 출생. 2014년《시와문화》로 등단.
시집『꽃은 말고 뿌리를 다오』상재.
한국작가회의, 인천작가회의 회원.

벽 외 3편

너는 깨진 유리잔 속으로 떠났다
유리의 파편을 씹어 먹으며
혀는 더욱 단단해지고 차가워졌다
'끝' 이라고 말하고
다시는 열리지 않던 입술
단단하고 매몰찬 쇠창살에 갇힌 몸
이후로는 누구에게도 속을 보이지 않겠다는 듯
닫혀버린 문

끝이라는 말 앞에는
무릎 꿇은 누군가가 있다
차마 놓지 못한 인연의 한 끝에서
날줄과 씨줄은 파열된 구멍을 피해 제멋대로 휩쓸린다
남겨진 자의 눈에서 검은 비가 내린다
납득할 수 있는 문장 하나 남겨두지 못한
꽃다발이 곤두박질친다
달려가던 발끝을 막아서는 완고한 거부
세상이 문득 아득한 저승이다

단칼에 쳐낸 단면에선 숨조차 쉬어지지 않는다
불시에 잘린 허리 밖의 세상을 건네다 보는
청천벽력
칼날에 베인 혀는
왈칵 소스라친다
벽과 끝은 이음동의어
끝이라는 말 뒤에는
두드려도 두드려도
흔들리지 않는 벽이 있다

명암

길을 세워두고 달리는 버스 안, 어른의 체격을 한 아이가 옆에 와 앉는다 가방을 품 가득 안고 집요하게 창밖을 응시하던 아이의 말투는 암호 같았다 '때낏빨 때낏빨' 알 수 없는 말은 규칙적으로 터지고 차 안의 사람들은 일제히 아이를 향해 뾰족한 시선과 날선 불만을 던졌다 차 바닥에 앉아있던 할머니가 아이를 나무랐다 말에서 악취가 났다 아이는 잠시 움칫하다가 다시 해맑게 창밖을 향해 암호를 반복했다

순조롭지 않은 아이의 말은 깃발 따라 춤을 추었다 아이의 목소리가 징검다리를 건너듯 퐁퐁 터진다 가로수에 매달린 깃발과 인사를 나누는 중 '때낏빨 때낏빨' 한 번 입을 열 때마다 길 밖의 나무들은 고개를 끄덕였다 일정한 보폭으로 '깃발 깃발' 하며 신나게

버스가 가로수를 하나하나 지나칠 때 아이는 태극기를 향해 손을 흔들었다

휴전선

개복한 채로
생살 드러낸 채로
정전되어버린 수술실
시뻘건 핏물은
다리 아래로 흘러
반세기가 넘도록 엉기는데
집도의는 어디로 갔느냐
살 속을 파고드는 날카로운 철조망은

이미 어두운 핏줄 속으로
똬리를 틀며 엄습해 온다
뱀의 혀처럼 감겨오는 이 불화를
적출해다오
꺼져가는 심지에 불을 당겨
두 동강난 몸을 봉합할 것
그리고, 이제
누가 나를 이 수술대 위에서
내려다오

사월 동백

푸른 눈물 뚝뚝 떨어질 듯
청명한 하늘 아래
모가지 뎅강 잘린 채 누운 붉은 입술
다하지 못한 말의 잔해가
닫힌 입술 곁에 수북하다
낯선 얼굴을 한 바람이
나무 밑으로 삼삼오오 모여든 해밀
서성거리는 발길에 차이는,

이승을 떠나지 못한 영靈들이
꽃잎 하나마다 실려
승천을 꿈꾸는 한때
짧은 이관식

■시작 노트

모두 갈라졌다.
목마른 대지도, 서로를 품어 안을 줄 모르는
진영 논리도,
견고하지 않은 인연도 어김없이…
극한의 경계 앞에서 본색이 드러났다.
균열은 기어이 파국을 불러올 것 같은 불길한 예감.
비 냄새를 품은 바람이 코끝을 스친다.
빗줄기가 갈라진 틈새를 메우듯
갈라진 것들을 봉합하는 무언가 절실한 때….

김 선

아이비를 위하여 외 3편

전남 고흥 출생.
2013년 《시와문화》 신인상으로 등단.
한국작가회의 회원.

아이비를 위하여 외 3편

아이비*는 날개 찢긴 새, 활강의 꿈 접은 지 오래, 오래 데친 푸성귀처럼 흐물거리는 날개로 오늘도 밤의 창가에 웅크리고 앉아 강울음을 삼킨다 때때로 간음의 밤이 오면 곰팡이의 심장마다 파랗게 피어나는 나의 열꽃 내 천년의 정원사는 어디로 갔는지 베란다까지 내려온 초승달과 별빛 조각으로 천장을 만든다 밤마다 내 귀 속에 들어와 둥지를 틀어 알을 낳고 우는 소쩍새여 유리창을 파먹던 핏빛 부리는 아직도 사랑 노래를 부르고 유리창을 바라보고 있는가 밤마다 혼절하며 죽음을 불러오는 아이비 아이비 아이비 초승달 끝으로 날아간 아이비 화살은 더 이상 나의 과녁을 뚫지 못하고 죽은 여자의 발등으로 떨어지는 촛농, 마침내 나는 아이비 속울음이 되어 침대로 활강한다 너의 귓속에 알을 낳는다 오늘밤 네 자궁에서 다시 아이비로 태어나는 나의 피, 불꽃, 소쩍새

*아이비: 덩굴식물의 한 종류

한 끼의 식사

눈썹을 초승달만큼 그리다 말고 출근을 서두른다
밤새 술병 든 사연들이 아직 허공을 맴도는
가리봉역 광장에서 아침 식사 중인 비둘기 두 마리
누구의 눈치도 보지 않는다
허기라는 이름으로 부끄러움을 감춘다
누군가 버려놓은 나쁜 습관들
더벅머리처럼 늘어져 버려진 욕설들
그들은 이런 식사에 더 이상 놀라지도 않는다
먹어도 먹어도 배부르지 않는
그 밥상이 나를 빤히 쳐다본다
손바닥만 한 밥상에서 막 겸상을 끝낸 햇볕 무리가
행인들과 함께 지하도로 몸을 감추는 사이
느릿느릿 건너오는 불안한 시선
신호등 초록 숫자가 바뀔 때마다 잠깐씩 마주쳤으나
여전히 건너지 못한 채 아스팔트 위에서
반 토막 난 눈썹을 그리며 끼니를 때운다
제대로 그리지 못한 눈썹을 닮은
비둘기들의 가난한 식사 같은
내가 교정을 보며 버린 활자들
나는 활자들을 엮어 언어의 집을 만든다

작고 비틀거리는 생각들이 그 집에 들어선다
쓸모없다고 버린 활자와 책들도
다른 누군가에게는 한 끼의 밥이 될 것이다

고드름

겨울 숲을 지키는 자작나무 마른 몸에서
서른 즈음의 내 검푸른 상처를 본다
상처에서 돋아난 수액들은 서로 몸을 기대어
아무도 보지 않는 곳에서 목욕재계로 몸을 밝힌다
바람이 차가울수록 맑은 몸 굵어진다
문상 온 낮달 수은등이 다 쓰고 버린 빛을 삼켜 맑은 제 몸을 비춘다
제 몸을 녹여 만든 빛으로 책갈피를 밝혀 축문을 읽는다
고드름은 흩어져 있는 나뭇잎이며
낮은 처마, 버려진 비닐봉지들을 함께 묶는다
먼 길 돌아갈 죽은 자의 마지막 노래
나뭇가지의 가느다란 손가락이 금을 그은 하늘에 뿌려지는 메아리

바람의 목소리 속을 떠도는 길 잃은 노래의 혀가 꺾일 때까지
아물지 못한 검푸른 상처 속, 울음을 담고 있는 뼈마디마다
수많은 햇살 가시로 긁힌 빗살무늬 상처를 핥는다
기억의 늪에 빠져 허우적거리는 마흔의 발목
입 다문 죽음에 말을 건네고 싶은 고드름의 최후
제 몸을 아낌없이 녹여 봄 햇살 피륙을 짠다
이제야 제 넋을 나뭇가지에 가지런히 눕혀
햇살 다비식을 한다
저를 죽여서 굳은 땅을 녹인다
죽은 뒤에 여린 민들레 꽃씨로 피어난다

눈뜨는 달력

새벽 네 시 나는 비로소 죽는다
달력의 숫자는 그제야 새로 눈뜬다
벌써 일어난 커튼, 춤추는 액자, 미친 시계
소파가 죽은 나를 발로 찬다
그걸 보고 화분이 웃는다

방석도 어금니를 드러낸다
나를 따라 저절로 죽은 TV
TV가 죽은 자리에
신문이 되살아난다
유리창이 옷을 벗는다

■시작 노트

시詩에도 혀가 있어,
때론 아무 말을 하고 싶지 않을 때가 있다
지금이 그렇다

김은옥

돌아가는 삼각지 외 3편

전북 김제 출생.

2015년 《시와문화》 신인상으로 등단.

돌아가는 삼각지 외 3편

여기는 상갓집 상갓집
귀가 더워 먹었는지 삼각지가 상갓집으로 들린다
순간 전등이 깜박대고 역사 안이 흐릿해진다
이곳에서 내릴 수 없다
상갓집이 줄 서 있다 승강장 틈새가 블랙홀처럼 보인다
시간이 확 줄었다가 다시 늘어나기 시작한다
고무줄처럼 늘어나고 줄어드는 그 반동에
튕겨 나갈 수도 있다 전동차는 지상으로 나가고
하늘을 배경으로 십자가 붉은 인장이
회개하고 죄짓고 회개하고 죄짓고 무수히 회개하고
죄짓는 이마에 면죄부의 도장을 찍는다

전동차의 둥근 다리가 큰 다리를 만나고 있다
둥근 다리가 한강을 굽어보며 철교 위를 지날 때
긴장하며 철커덩
내려앉는 심장 소리
내 심장소리와 그 소리가 일치되는 것을 느낄 때
역마다 환풍기는 미친 듯 돌고 다시 무더운 혀가 꼬이고

여기는 상갓집 상갓집
환청 같은 소리를 지나 나는 죽어서도 살아있는 상갓집으로 간다
배호의 돌아가는 상갓집

말言들이 얼룩말 되어

창밖으로까지 뛰쳐나간 너의 얼룩말은
내 자동차 범퍼를 발길질하기도 한다

커피 속에 잠긴 야생의 내장들
코뿔소가 들이받아 흩어진 창자 속 신선한
신맛이 쓴맛 뒤에서 열대를 음미하는 사이
주술을 하듯 기다란 주전자 주둥이가 천천히 기울어진다
본차이나 찻잔 바닥으로 에티오피아의 햇빛 한 줄기가
미끄럼을 타며 부드럽게 내려온다
카페는 어둡고 어둠의 깊이만큼 휘황했으나
찻잔에는 검은 대륙이 눈을 뜨고 있다

벽걸이 사진 속 어린 커피 노동자의 눈동자가
재갈이 채워진 허기진 땀방울을
사진 밖으로 흘려보낼 것만 같다
고원의 상록수는 한 해에도 여러 번 수태를 한다
그 출산을 돌보는 수많은 아이들
커피콩 고르는 예닐곱 살 손길들이 찻잔 속에 보인다

먼 천둥소리로 사자가 우는
이 밤 내내 흑인 소녀의 얼굴이 주전자 주둥이에서
킬리만자로의 눈물처럼 흘러내리고 있다

번개팅

번개가 걸터앉는 창턱에 비도 들어와 비껴 앉는 저녁

오늘번개어때요 마리부친상금요일발인 연희돌잔치 초록뷔페 경아와혁이가결혼합니다축하해주세요*^^* 7월25정오국민초등동창회 엄마지금도착했어요내일은

몰타로들어가 언니비피해없수? 띵동 까똑 띵동 까똑 띵동

탄생의 문자와 죽음의 문자가 악수합니다
언니 우리 딸이 방금 아들 낳았다구요ㅎㅎ
산부인과 회복실과 장례식장 특실이 교신합니다
졸고 있는 상주의 꿈속으로 몰아치는 비바람이
웨딩드레스를 마구 짓밟고요
리무진에 씌웠던 화관들을 후드득 뜯어내고 있습니다
엘리베이터가 정중하게 문을 여닫습니다
입관이 곧 시작되오니 상주는 내려오시랍니다
조문객 떠난 장례식장 복도가 텅 빈 동굴 같습니다
그 동굴 안으로 천둥이 굴러옵니다
푸른 섬광에 드러난 문자들이 서로 낯설어서
까똑까똑 어색하게 인사 나누다가
까또그르르르… 자지러집니다
번개가 마구 꽂히는 기지국 북한산 관악산 남산 도봉산
피뢰침들도 부르르 몸을 떨지요

전화기는 젖어도 이미 떠난 문자는 젖지 않는다
무제한 요금제 속 터널에서 데이터의 꼬리가 진저리를 친다

나도 창턱에 귀신처럼 걸터앉는다
오늘 번개 어때요?

안개의 저쪽

안개가 잠 없는 말을 먹어버린다
입이 먼저 사라지고 귀마저 닫힌다
팔다리까지 뜯어 먹는다
시간의 가로등에 철조망까지 쳐놓고
온 도시를 탐색하고 있다
가끔 철조망 사이로 탐조등이 독수리 눈처럼 훑고 간다
말 잃고 귀 잃은 눈빛들이
주의 깊게 서행하는 중이다

안개는 점령군이다 권력의 추다
점령군에게 잡아먹히는 몸뚱어리들
지척을 분간하기도 힘든 우리는
안개의 눈으로 세상을 본다

안개 뒤편에 숨어있는 눈빛들
불쑥 주먹을 내미는 나무들
발톱을 세우고 물어뜯듯 달려들던
밤샘 노숙에 지친 사물들이
안개의 권력을 신문지처럼 덮고 있다

안개는 세계의 중심을 향해 전진하지만
그 중심을 안개 자신도 모를 것이다
그 중심이 문득 그립다

■시작 노트

산그늘이 깊어지고
마지막 저녁 빛까지 스며든 물속으로
가로등이 하나둘 걸어 들어가고
돌아갈 길마저 사라지고

눈빛 다른 눈빛들이
서로 일면식도 없는 얼굴 하나로 견뎌보겠다고
폐허의 침묵을 뒤집어쓴 채
비슷한 얼굴로 마주 보고 있다
나는 어떤 얼굴로 내일을
바라보아야 할 것인가

마선숙

목요일과 메타세콰이어 외 3편

숭의여대 문창과 졸업.
2013년 《시와문화》 신인상 시 당선.
2014년 상반기 《불교문예》 신인상 소설 당선.

목요일과 메타세콰이어 외 3편

목요일은 메타세콰이어다
하늘을 향해 뻗은 나무처럼
주말의 쉼표를 해바라기 한다

어깨를 곧추 세운 월요일과
삶의 멍에가 조여드는 화요일과
스모그가 깊어지는 수요일을 지나
메타세콰이어처럼 탈출하고 싶어진다

나를 딛고
이쪽저쪽 창을 내고 선정에 들듯
그리움 하나를 열망한다

녹슬지 않는 햇살 한 줌 꿈꾸는
목요일과 메타세콰이어는
그래서 나의 다른 뒷모습처럼 허허하기도 하다

전봇대의 혀

실종된 사람들 전봇대에 다 숨어있다
부착방지용 뾰족이 틈새로 낡은 가발처럼 달라붙어 있다
모든 걸 용서할 테니 집으로 돌아오라는 호소는
눈물처럼 펄럭이고
유괴된 아이를 찾는다는 울먹임은 쇠창살처럼 먹먹하다
돈 빌려준다는 전단지는 사람을 어지럽게 유혹하고
스포츠센터 다이어트 광고는 여자들 계모임처럼 아양 떨고 있다
자살클럽 안내는 가면무도회처럼 은근하고
당신은 행복하냐고 묻는 수련원 포스터는
도둑맞은 답안지처럼 허탈하다
예쁜 아가씨 넘친다는 대양나이트 클럽 광고는
한 귀퉁이가 떨어져 대야나이트로 발에 밟힌다

전봇대는 혀가 바쁘다

나를 분실했으니 찾아주면 후사함이란 스토리까지 달고

북새통들을 낙엽처럼 떨구지 않고
삶의 그늘들을 몸에 휘감은 채
현실을 앞장서서 살고 있다

푸줏간에 가서

저녁 준비하러 고기를 사러 갔다

노을 같은 붉은 진열장 속에
토막토막 잘려진 생고기와
돼지고기들이 도마 위 갈고리에 꽂혀있고
검붉은 혀 같은 선지가 양푼에 담겨있다

천정에 매단 비닐 끈에 금줄처럼 늘어진 가격표들

한우 등심 600그램 육만 오천 원
호주산 양지 100그램 사천오백 원
미국산 등심 600그램 삼만 팔천 원

지갑이 가벼워 한우는 만지작거리기만 하고

호주산 양지를 한 근 샀다

적나라한 삶의 현장에서 벗어나
집 골목으로 걸어가는데
진열장 속의 노을이 쫓아왔다
세월과 함께 노을이 된
나의 값이 궁금한 걸까

슬그머니
등 뒤로
부끄러움이 몰려 와 땅만 보고 걸었다

까치발 집

하천 위에 지지대를 하고
한 발은 땅
한 발은 물 위에 발돋움하고 서 있는 까치발 집
벌서듯 살아 온 산업전사
시골 아버지의 두 발 같다

방바닥을 따스하게 해 주고
김나는 밥을 먹게 해 주던
연탄들처럼
눈물조차 검었던 아버지들은
온 몸을 불사르며 치열하게 살았다

갱도에서
폐가 삭아가면서도
가족을 위해
연탄을 캐던 광부들처럼
폭약처럼 살았던 그 당시 아버지들의
까치발 같은 삶들이여

■**시작 노트**

운전하다 자전거 타던 아이를 가볍게 다치게 했다.
문병 가고 싶은데, 보험회사에서 그러면 합의가 어렵다며 말렸다.

현실과 타협해 한발 물러서며 부끄러웠다.

그럴 때마다 시를 쓰지 않으면 뭘 할 수 있을까 생각한다.

진정 시인다운 시인이 되고 싶은데 갈 길이 멀다.

석연경

백양사 고불매 외 3편

2013년 《시와문화》 시, 2015년 《시와세계》 평론 당선,
전남대 국문과 대학원 졸,
연경인문문화예술연구소장, 대학 강사.

백양사 고불매 외 3편

앞에 두고도
보지 못하는 것들이 있다
수천의 번뇌가 움트는 우주의 발문
수천 년을 벌판에서 지낸
먹먹한 바다에
달빛 몇 물음 던져지면
아무런 대답 없이
어룽대던 한겨울 숲길
돌멩이 몇을 길가에 남기면서
네게로 가는 길
구불구불한 길은
아련히 먼 곳을 바라보지 않는다
숲길 끝에 정말
네가 있는 것일까
별을 지키는 파수꾼이 없어도
나무는 세월의 언저리를
연인과 산책하듯
건넌다
허공이 떨리면 서러워라
묵묵히

피어나는 번뇌의 꽃
서러워 더 눈부시다

윤슬

그 빛나던 나날을 차마 눈이 부셔 못 보고
두루미 하나 윤슬 속으로 사라진
꽃샘바람 부는 날

악몽에서 깨어나기 위해
꿈속의 그 길을 다시 간다
각인된 두려움과 싸우고 깨뜨려
평온을 찾기 위해 밤길을 나서다
바람 불어 마른 가지가
심하게 흔들리는 밤이었다
매화가 폈다는 소식은 들었으나
악몽 속 식물들은 얼어 죽어갔다

한 아빠는 비행기 태워준다던 딸이 세월호 침몰 한 달 후에

헬리콥터를 태워주었다고 했다
죽어서도 지킨 딸의 약속 때문에
아빠는 울었다
아빠는 딸에게 진실 규명을 하겠노라고 했던 약속을
반드시 지키리라 했다

순천만

순천만
밤 펄을 마주한 사람은 안다

젖는다는 것
젖어있다는 것은
온 몸으로 사랑하는 일

햇빛 어둠 달빛
온몸을 내어주고
그저 그 사람이 되는 일
그 사람을 아는 일

바위마저 바람에라도 젖어
온몸으로 사랑하는 순천만의 밤

살을 만지는 것
몸을 맞대는 것
그리하여 두 눈 마주치고
갈대처럼 어우러져
어깨춤 추는
융숭한 세상
순천만 밤 펄을 보면 알리라
젖어 있을 때라야 사랑이라는 것을

복숭아 성전

불 들어갑니다
아무 것도 가지지 않는 불은
지푸라기 하나라도
제 것이 아니라고
봄날이 활활 탄다
비우다 투명하게 사라진

복숭아 꽃잎
바람의 머릿결이
불의 긴 옷자락을 잡아당기는데
아무 것도 아닌 풍경의 절벽
생의 바깥이란 없어서
안개비 자욱한 저녁
시간의 숨소리 따라
설레는 봉숭아가
불꽃의 심장을 식히고 있었다.
볼이 발갛다
다시 봄이다
봄의 새악시다

■시작 노트

보이지 않는 것을 본 후에, 들리지 않는 것을 들은 후에, 감각할 수 없는 것들을 느낀 후에 더 많은 것들을 사랑하고 더 깊이 사랑하게 되었다. 나는 안다. 그로 인해 더 많은 슬픔과 더 많은 고통과 더 많은 환희가 내 몸 속 가득 차오름을. 그리하여 세상이 하나 됨을.

신궁철

날개를 다는 아침 외 3편

2011년 《시와문화》로 등단.
기린지붕 대표.

날개를 다는 아침 외 3편

렌더링과 뒹굴며, 아직은
동쪽 밑 상수리나무 숲에 숨어 있는
태양을 스케치하던 정열의 밤은 어느 날
빚쟁이들 구둣발로 찾아와 새파란 이파리들,
가을을 보지도 못하고 모두 떨어져버렸네
흩어진 잎 위로 폭우가 쏟아진다
뿔뿔이 떠내려간다
가던 길 잠겨버려 가파른 지름길로 향했네
정밀묘사로 그리던 꿈 미뤄놓고
크로키를 선택하였어
당장 팔려나갈 새벽에 서서
그 날 그 날 일당을 찾아 헤매었지
운이 좋아 일당이 센 질통을 짊어지는 날에는
사방으로 흩어지고 무너진 식구들을 뭉치기 위해
시멘트와 모래를 정신없이 퍼 담았네
가끔 콘크리트 골격만 세워진 빌딩 계단을 오르다
발 헛딛는 꿈에 식은 땀 흘리는
아찔한 노역자지만
거푸집 벗은 반듯한 창 틀 밖으로
젖은 밤을 털어내며
날개를 달고 있는 아침을 보고 있다

나무

열 살 무렵 선생님은,
큰 나무로 자라
새파란 이파리를 틔우는
나무가 되어야한다고 가르치셨다
칠판에 써내려간 선생님의 나무를 따라
높은 곳에 나무를 심고 바라보며
정성껏 키우기 시작했다

졸업을 하고,
학교가 아닌 곳을 다니며 알게 되었다
학생 모두 나무를 심은 것은 아니었으며
나무를 심은 몇몇 학생도
이파리 색깔보다 과장님 표정을 살피는 일에
더 바빴다는 것을
선생님의 칠판은 교실 안에 있었고
아이들은 교실을 떠나 흩어졌으므로

이파리에 정성을 쏟으며 마흔이 넘어갔다
제 길을 찾아 걷던 발의 걸음걸이가
얼굴 위에서 자리 잡기 시작할 때
심어 놓은 나무와 이파리에 쏟은 시간을

처음 후회하였다
새들은 오래 머물지 않고 옮겨 다녔으며
구름은 매 번 다른 얼굴로 다가왔으므로

그러나 나는, 나무를 베어버릴 수 없었다
선생님의 수업시간은 종을 치지 않았고
나무는 너무 커져 별에 닿았으므로

결로結露

밤새도록 술 퍼 마시는 남편 기다리는
마누라의 타들어가는 속이라고
아궁이에 불을 지피던
해진 몸빼바지는 뿡뿡거리지
구름으로 튀어나오는 한숨
한숨이 풀어놓은 생각들이 하늘을 떠다니다
함박눈이 되어 길을 덮어버리지
오다가 칵, 자빠져버리라고
임플란트 할 돈이 없어 투덜거리던
이빨 빠진 입이 말했다

외양간 입구를 막아선

가는 작대기를 부러뜨리지 못해
소가 되어 들어앉아 있는 그녀
써레질을 하며 살아가다 생긴 상처들을
슬픈 노래로 핥고 있을 때,
남편은 만취한 채 마이크 잡으러
3차 가는 중

부도

그 집의 지붕은 폭파되었다
금 간 곳에 매설된 근저당이 문제였다
둥둥 떠다니는 책 기타 스케치북
젖어가는 앨범 속 사진들
장마가 지나갈 때까지
방에 차오르는 물을 퍼내며
비를 맞았다
바닥을 찾기 위해 물을 퍼내는 것이
하루 일과였다 틈틈이
머리 위에 멈춰 서있는
두꺼운 구름의 엉덩이를 밀어보지만
브레이크 밟은
구름의 바퀴는 꿈쩍도 하지 않았다
햇살의 연락처 한 장 꽂혀 있지 않았다

■시작 노트

아파트 창 밖으로, 앞산 가득했던
굴참나무 밤나무에서 이파리가 떨어지자
태양의 담금질 속에서
묵묵히 길을 헤치던 가지들이 드러났다
나무 한 그루에 저렇게 많은 길이 있었다니
단단해지기 위해 이젠
겨울의 담금질과 마주한 나무가 존경스럽다
매일 창밖을 보며 그를 닮아가는 나를 발견한다

윤세민

샤갈의 '푸른 서커스' 외 3편

경인여자대학교 영상방송학과 교수. 한국출판학회 회장.
2011년 《시와 문화》로 등단.
시인이자 문화평론가로서 시와 함께
출판, 방송, 영화 등에 대한 평론을 쓰고 있다

샤갈의 '푸른 서커스' 외 3편

붉은 가슴 곡예사에게는
공중그네 나는 허공이 마당이다
마르지 않는 눈물 같은 안개 펴 올리는 화물선
뜬눈으로 달려도 끝 보이지 않는 바다
날개 가벼운 나비에게는 놀이터이다

꿈을 좇는 부리 긴 물고기는
푸른 고향 바다 가는 길 멀수록
사랑의 날개 위에
더욱 부푼 돛을 올린다

지평선 끝까지 펼쳐진
러시아 평원 뒤엎어 세워진
공장 굴뚝에서 검은 연기 끊이지 않아도

내일을 여는 창은
그릇 가득한 검은 빵과
눈물로 거둔 건포도 아닌
흑해 건너
끝 보이지 않는 지평선 지켜보는

초록 말의 맑은 눈이다
나침반이 없어도
만리 밖 고향을 향해 가는
순록 떼의 향기로운 뿔이다

마음에 달린 파란 렌즈로
좌표 사라진
허공의 길 헤매지 않고 가는 붉은 가슴 곡예사는
저 하나를 던짐으로
어두운 세상
끝까지 비추는 희망 등이 된다

샤갈의 '두 얼굴의 신부'

샤갈의 신부는 두 얼굴이다

베일 두르고 부채 쥔 오른쪽 얼굴은
두고 온 고향 러시아 비테프스크 마을을
꿈꾸듯 곁에 둔다 저 힘겨운 초승달마저도

하얀꽃 빨간꽃 가득 두른 왼쪽 얼굴은
새로 담아낼 프랑스 파리의 신랑을
별처럼 바라본다 가진 것을 다 버려도 좋다

고향 마을 수줍음처럼
비테프스크 젖가슴은 살짝 가리웠고
유곽 도시 화려함처럼
파리의 젖가슴은 활짝 열리웠다

아, 웬걸
너무 작게 그려져 채 눈치채지 못한
화면 하단에 악사가 곡예사가 거기에 염소까지
샤갈 특유의 미소를 보낸다

샤갈의 본적지는
러시아 평원에 솟은 불룩한 젖가슴
프랑스 파리의 하얀 드레스가 아닌
해체된 서커스 극장

그 모든 걸 받아들이는 듯
아내 벨라가 마치 샤갈의 싸인처럼
맨 끝 모퉁이를 조용히 지키고 있다

찌그러진 성냥갑처럼 망가져도

언제나 다시 일어서는 씩씩한 기둥과
깊고 푸른 눈으로 돌아오는
회귀의 바다!

샤갈은 정녕 '두 얼굴의 신부' 를 사랑한다

도시에 뜨는 달

잿빛 빌딩 위로 솟은 달
샐러리맨 하얀 와이셔츠 닮은
창백한 빛 토한다

낡은 아파트 위로 뜨는 달
똑같은 회색상자 그림자처럼
찌그러진 네모 그린다

하늘 쳐다볼 틈 없이
허우적거리는 도시인들에겐
이미 존재감을 잃었다

그래서
도시에 뜨는 달은
떠 있어도
떠 있어도
아무도 찾지 않는다

그래서
도시에 뜨는 달은
찾아도
찾아도
보이지 않는
밤하늘 비상구를
오늘밤도 찾는다

쓰레기를 버리다가

일주일에 한번 폐품 수거일에는
나라님도 포기한 평등 세상이 이루이진다
말끔 정장 회사원도
지성 백발 교수도

시장 구석 좌판의 사과 행상도
하나같이 무릎 나온 츄리닝이 제격이다
부스스한 더벅머리
헛재채기와 함께 난장에 선 구경거리가 된다

조금 전까지
나랑 다정스레 뒹굴던 신문
든든한 목넘김으로
피로와 갈증을 달래주었던 페트병
날개 잃은 옷가지…

이런 것들을 들고
폐품 수거장 앞에 서면
사이렌 소리
아이들 다투는 소리 저편
보이지 않는 소리들이
멱살을 죄어온다

정작 버려야 할 것들
아파트 위에 다시 얹힌 아파트
기도를 잊은 채
이웃을 막다른 골목으로 모는
검은 유혹
산 채로 묻지 말라는 외침

가청 주파수 넘어
생생하게 들려온다

무릎이 혹처럼 튀어나온 바지
겨울 햇살에 부끄럽게 내보이며
하나 되는 난장의
폐품 수거장 앞에 서면
버리지 못한 내 안의 것들이
쑥쑥 고개를 내민다
이제껏 아이들의 살이 되고
아내의 미소가 되어 준 친구들의
감춰진 얼굴이
비로소 보인다

■시작 노트

詩, 두렵습니다

외마다 비명 속 스러져가는 詩를
애써 외면하는 무심한 이들이
나는 두렵습니다

이런저런 이유로 詩 가까이 얼씬도 못하는
저런이런 이유로 詩 한 줄 써내려 가지 못하는
내가 정말 두렵습니다.

詩, 정말 두렵습니다

이소율

이력서 외 3편

충남 청양 출생.
한양대학교 신문방송학과 졸업.
2012년 《시와문화》 신인상 등단.

이력서 외 3편

하얗게 센 머리카락
깊게 패인 주름
어머니 이력서다.

염색을 하고
아이크림을 발라
이력서를 고치는 어머니
위조한 학력처럼
금세 드러나는 주름
흰 머리카락

보조개에 고여
출렁이던 꿈
세월의 거센 물살에
쓸려 떠내려갔다.

경력은 손 안에 자세히 적혀 있다.

경력을 자주 감추는 어머니
살며시 끌어다

자세히 읽어보는 아버지
두 손에 힘을 주고
자석처럼 떨어지지 않는다.

종이컵

탁한 막걸리
독한 소주도
가벼운 한 잔이다.
심장에서 드럼을 치던
사랑 맥박 소리도
파도처럼 사라지는
물거품 한 잔이다.

신의 일회용 컵인 너와 나
용수철처럼 튀어 오르는
열정과 고뇌도
정리하면 한 컷이다.

하루살이가 웃는다.

흥분을 복사해 마시는
중독된 쾌락도 마시고 나면
공허 한 잔으로 남는다.
아무리 뒤져도 없는 시간을
젖은 목화솜처럼 끌고 간다.
욕망의 비탈길을
애써 타고 오르는
어리석고 어리석음은 꽉 찬 빈 잔이다.

머릿속을 지네발처럼 파고드는
고뇌도, 지성도, 광기의 나날도
쏟아보면 가벼운 한 잔이다.

하루살이가 비웃는다.

상비약

활자 상비약 쌓아 놓고 지낸다.
명문여고 나온 여자가

아버지 직업을 물어 농사짓는다고 하자
조소하는 어법으로 농사꾼 딸이네 한다.

못자리에 들어가는 못물처럼 하루나 이틀을
살아보는 것이 어떤가
아니, 여러 날씩 살아보는 것이 어떤가*
상비약 마시고 귀가 맑아진다.

서른한 번 취직시험 떨어지고
온몸에 두드러기가 난다.
긁다가 우울해 몹쓸 짓을 음모한다가
너는 단 한 번이라도 누구에겐가
뜨거워본 적 있느냐?**
상비약 마시고 뜨거워지기로 한다.
단 한 번이라도…

뜨겁게 살고 싶은데
나도 모르는 사이에
다섯 가지를 포기한 세대가 되어
타자에게 건너가는 징검다리가 없다.
추석에 고향에도 못가
보름달 새벽이슬 맞도록 기다리는 홀어머니
생각에 뼈 속이 시려 잠이 안 온다.

나는 귀신이다 산목숨으로서
이렇게 외로울 수는 없는 법이다.***
상비약 한줌 집어 먹고
죽은 듯 잠이 든다.

*장석남의 「못자리에 들어가는 못물처럼」에서 인용.
**안도현의 「너에게 묻는다」에서 '너는 누구에게 뜨거운 사람이었느냐' 인데 나는 꼭 이렇게 읽는다.
***김경주 「드라이 아이스」에서 고대시인 침연의 시 인용한 것 인용함.

위조하는 버릇이 있다

자본주의 마당극에서는
위조하는 버릇이 있다.
친구를
아내를

인격을 늘였다 줄였다
다르게 들이대는 자본의 잣대에 휘둘려

속마음을 위조하는 버릇이 있다.

무임금 야근으로
젊음을
자유를
자해한다.

꿈의 불꽃이 사그러지고
사랑은 화석이 되어
자본의 홍수에 떠밀려 이재민이 된다.

자본주의 마당극에서는
소외를
착취를
일당으로 위조하는 버릇이 있다.

자본주의의 꽃
광고 위조話에
속는 버릇이 있다.

■시작 노트

책이 떨어지면 허기가 진다.

늘 침대 위에 쌓아 놓아야 잠이 잘 오고 꿈도 잘 꾼다.

상비약처럼 머리맡에 두고 머리 아플 때, 우울할 때, 외로울 때 시도 때도 없이 먹는다.

책을 읽는다고 돈이 나오나, 밥이 나오지 않지만 책 덕분에 우울증을 예방할 수 있고,

바람의 넋처럼 떠돌아다니지 않은 것만으로도 얼마인가.

책에게 큰절이라도 올리고 싶다.

이영환

기타 치는 음유시인 외 3편

한국교원대학교 박사과정 졸업.
2014년 《시와문화》로 등단.
한국작가회의 회원.

기타 치는 음유시인 외 3편

눈 녹는 물에 담근 볍씨를
까마귀가 노략질하는 마을

금줄 처진 당산나무 아래
음유시인은 기타를 치네

음유시인은
금지한 시를 노래하네

음유시인은
불경스런 구절을 퍼뜨리네

음유시인이 노래하는 시에는
사람들 머리카락 거웃 올올
손톱 발톱마다 마법에 걸리는
주문이 있고

돌산 자락 바위 속에 묻힌
아기장수가 살아나
창칼 쳐들고 말 달리는
진언이 있네

독학

밤을 두른
은사시나무 가지에
전갈좌 발톱별이 걸리면

꿈에서
소스라쳐 깨어나
어둠 속에 홀로 남을 때

잠을 사루는
책상전등과
묵은 책을 가까이 할 때

피 한 톨
인식에 불타고
살 한 점
실천에 목말라

안토니오 그람시
혹은
루이 알튀세르와

13월

눈밭 쓸고 가는
된바람소리
언 귀 쫑긋 날 세운
새앙쥐
나뭇가지 은빛 눈꽃 사이
참새가 타는
달빛
호롱불에 심지 타는
석유 냄새
불꽃 피는 등피 가까이
손때 묻은 책
읽는 소년
엑토르 말로 지음
『집 없는 천사』
알렉산드로 뒤마 지음
『삼총사』

은적암에서 만난 최제우

내가
은적암에 이르렀을 때
구름 드리운 하늘 가득
눈꽃이 흩날리었다.
낮은 황토 위로
흰빛이 깔리고
댓잎 서슬이
눈 속에 푸르렀다.
나는
눈을 맞으며
은적암 주위를
혼자 바장이었다.
홀연
인기척 소리에
유현幽玄한 눈빛과
나는 마주쳤다.
푸른 옷깃 여민
품속에서 꺼낸
『동경대전東經大典』
『용담유사龍潭遺詞

갈피갈피
그가
나에게 말하고 있었다.
모든 진실을
불임하고
모든 진실을
사산하던 시대
쥐도 감감 새도 감감
등촉을 밝히던 불면과
불면마다 무엄하게
스치던 살별을.
처마 밑 고드름
밤새 키우던 잠과
찬 댓잎자리
머리 둘 곳 없던 꿈을.
청사靑史에
살아서 돌아가던 자
명치끝에서
활활 타오르던
상심傷心을.
별빛 쟁강쟁강
새벽까지
어둠 속으로 담금질하던
문맥文脈 위에서

눈 감고
잠들 수 없던 사랑과
밤새 뒤척이던 희망을.

■시작 노트

나는 편애한다, 오연한 정신과 긴장된 감각이 살아있는 삼엄한 시를. 맑디맑은 서슬의 울림이 대찬 시를. 한 줌 안 되는 시구로도 맵게 으름장을 놓는 시를. 바람을 타는 비눗방울처럼 흔연하고 상쾌하고 정직한 시를. 때로 섬세한 듯하면서도 얕은 내를 박차고 비상하는 금시조의 기상을 지니며 때로 질박한 듯하면서도 구리거울같이 조용하고 정갈한 깊이를 거느린 시를. 서러움과 원통함으로 애를 꺼내 말린다 해도 타고 흐르는 슬픔은 한로나 상강 무렵의 햇빛처럼 맑고 찬 시를, 시공의 안과 밖을 넘나드는 삶과 예술이 더없이 깊고 촘촘한 눈금으로 새겨진 시를. 그리하여 마침내 시의 본질을 명민한 비수처럼 가르는 시를.

장수라

내 머리 위에서 녹차향 바람이 분다 외 3편

2010년 《시와문화》 신인상으로 등단.
한국작가회의 회원, 고흥작가회 회원.
시우주 시낭송회 회원.
『거미의 비행』 외 4권의 공저가 있음.

내 머리 위에서 녹차향 바람이 분다 외 3편

나무를 사러 간다
사과나무도 좋지만 녹차나무를 키우고 싶었다
화원으로 가는 길은 행복했다
녹차밭 가는 길
꽃향에 취해 있었고
내 옆구리엔 푸른 바다가 넘실댄다.
곁을 지나는 구경 온 사람들 가슴에도
소쿠리가 하나씩 매달려 있다
가마솥에 찻잎을 덖는 살청을 하고
수분을 날리며 유념을 하는 사이
녹차나무는 없는데요.
어디다 심으시게요?
어디다… 어디다… 그러게요
하지만 녹차나무를 심고 싶어요.
나무보다는 심을 땅에 대한 질문만 하는 화원의 주인
그 화원엔 녹차나무가 없었다
땅이 없으면 화분에 심지 뭐!
땅속 깊이 뿌리를 내리고 물을 끌어올릴
한 뼘의 땅이라면 좋겠지만…

어느덧
내 머리위에서 녹차 나무가 자란다

자전거는

여행을 해보면 알지
두 어깨를 감싼 채 허리를 쿡 접어
구름을 설레게도 해
더 나아가기위해 올빼미 눈이 되어
밤을 겨냥하기도 하지
쓸쓸한 네 눈동자 속으로 들어가 길을 만들면
곧 시야를 벗어날 준비를 하거든
다 타버린 숲 속 연기냄새 가득해지면
무엇을 외면할까도 생각해
네가 멀리 있어서가 아니야
눈이 먼 날 먼저 지워줄래
안으로 뻗어나갈 수 없어 끌려가던 나는
곧 기린이 되어 버리지
길을 떠나보면 알아
언젠가는 지루한 짐승으로 돌아와

길 위에서 얻은 바퀴달린 날개도
시간 속에 두고 올 거라는 걸

내 사랑은 택배로 왔다

태어나서 처음으로 꽃이 왔다
손가락도 얼어 잘 펴지지 않는 2월
마흔 여섯의 생일 아침
택배로 온 장미
네모난 신방에 수줍은 신부의 표정이
깊고 고요하였다
스며듦이 어찌할 수 없어서 피어나는 꽃이 이러할까
서리처럼 차르르 누굴 묶으려고
지금 저리 눈이 내리는가
화끈화끈 얼음 보숭이로
이 밤이 하얗든 말든
품기엔 쉽도록 가지런한 꽃의 살들이
철없이 글썽이던 날

풍란이 피다

뿌리가릴 한 줌 흙마저 버리고야
화관을 쓴 풍란이
목마른 풍경으로 남아 5월을 지키네
공중에 떠다니는 꽃들의 깔깔거림
향에 취해 미끄럼틀 타는 하루살이
분무기 물방울의 폭죽놀이 속에서
난데없이 몇 년 만에 피어난 풍란이
방안을 꽉 채우네
네 침묵은 사뭇 다른 경로로 다가와
너무 높되 위험하지 않고
참 우연한
하마터면 푹 꺼질 듯
치열한 언어들의 숨소리
눈보라를 지나
처음 내게 안겨온 사막의 물고기였나
네가 숨 쉴 수 있도록
네 웃음소리가 들릴 수 있는 거리에서
네 고개 따라
내 마음도 기우뚱
바다로 간다

■시작 노트

나만의 자리,
내게 어울리는 자리
사랑과 꿈이 있는 자리
향기로운 자리는 어디일까?

불완전이 낙원이다… 월리스 스티븐스가 말했다지.
살짝 찌그러져도 자신감을 잃기보다는
찌그러지는 대로 모양 살려가면서.

주인공 역할은 자신의 일상을
충실하게 채우는 일부터 하는 거다.
레몬 한 봉지 마트에서 골랐다.
집에 가면 식초물에 깨끗이 씻어서
향기로운 레몬차를 만들어야겠다.

장우원

이용원에서 외 3편

목포 출생.
2015년 《시와문화》 신인상으로 등단.
서울 은빛초등학교 교사.

이용원에서 외 3편

-고문의 기억

그가 움직이는 대로
내 머리는 잘 돌아 가
좌우는 바뀌었으나
상하는 변함없는 세상
수그려라 들어라 삐딱하게
돌려라 말은 없지만
그의 손 끝 까닥임 따라
내 목도 잘 조종돼

무료하기도 하고
잘리는 머리칼이 내 게 아닌 듯
이물감이 들기도 하고

잠이 들어
황홀한 꿈
잠이 깨
낯선 거울 속의 나

그가 잘 보도록 흐뭇하게 웃었어

면도날은 잊는 게 좋지

그는 콧구멍까지 쑤셔대
세면대에 앉아
어린 아이처럼 다소곳이
비누칠 두 번
샴푸에 린스에
숨구멍이 답답해

주머니를 뒤적이는 동안
그는 또 다른 손님을 포박하고
뒤에서 가위를 움직여

父 기도문

-다시 청와대에서

하늘에 계신 나의
아 버 지,

아버지의 이름이
여전히 저로 인해 거룩히 빛나시며
아버지의 나라가 다시 오시며
아버지의 뜻이 그 때와 같이
이 땅에서, 지금도, 이루어지소서

오늘
저에게 일용할 권력을 주시고
권력에게 대드는 저들을
제가 용서하는 죄를 범하지 않도록
아버지의 죄를 제게 주시는
아 · 버 · 지

제가 행여 유혹에 빠지지 않고
철권을 끝까지 휘두르게 하시며
나라와 권능과 영광이 영원히
(이 말이 너무 좋아 가져다 씀을 용서해주시고)
함께 하는
나 · 의
아 · 버 · 지

이 땅은, 여전히
앞으로도, 계속
아버지의 것입니다

저는, 완벽하게, 빈 틈 없이
아버지의 뒤를
따르겠습니다

바람 몹시 불다 지친 봄날 저녁

큰형님 전화다
열여섯에 집 나와
기초수급에
시각장애까지 얹혀
영구 임대 단칸방이 전부다
일흔은 넘겼으니 호사다
애비 닮아 눈 먼지 십여 년
암도 덤으로 얹어 살고
마흔 가까운 자식도 무전취식
인생 참 더럽다

디카 좀 찍어도-
언제 시간 나면
디카 좀 찍어 도-

수화기 너머 떨림이 깊다

영정 사진
디카가 영정사진으로 읽히는 게
그렇게 이해하는 게
동생이라는 내 꼬라지다

시국도 그렇고
전교조도 험한 꼴 보던디
괜찮냐?

영구 임대 아파트
땟국 낀 벽지 배경 삼아
그 중 잘 나온 놈
갖다드리고 온 날 저녁
형님 목소리
하늘을 떠돈다

새가 되지 못한
추락

마지막 이별도
참 더럽다

문병

그의 하늘에 삼 년째
잠자리가 날지 않고
꽃씨는 더더구나 자취도 없고
환자복 구겨진 물결 사이
각진 병원 십자가만
날개 찢긴 나비처럼 어지럽다

그가 내뿜을 꿈
담배 몇 갑을 건네고
섞여서 온전하지 않은 기억
봉다리 커피를 쥐어주고
사라지는 것들을 생각한다

있어야 할 것이 없는 세계
알콜성 단기 기억 상실증
스펀지처럼 먹먹한 어제와 오늘
과거만 또렷한 이 모순

아침 햇살이 잠깐
그를 저격하듯 사라지는 병실

억센 악수 뒤로
손바닥을 빠져나가는 울음
햇살 그리운 인간은 그 혼자뿐

바람도 좋은 날
철장 얽힌 병동
문병은 낯술과 친하다
그가 못 마셔 남은

■시작 노트

나이 들수록 따뜻함이 그립다.
날씨도 그렇고 몸도 그렇고 세상도 그렇다.
하물며 시가 따뜻하다면 오죽 좋을까.
따뜻한 시. 설렁탕과 함께 내놓으면, 난로에 쑤셔 넣으면,
그냥 가슴에 품고 있으면 따뜻한 시가 될까.
비수가 되어 심장에 꽂으면 따뜻한 시가 될까.
시야 따뜻해지렴, 기도하면 따뜻해질까.
세상 불 지르고 싶은 시절이다.

정성채

사월 외 3편

전남 광주 출생. 대구 거주. 한의사.
2014년 《시와문화》로 등단.
한국작가회의 회원.
번역서 『지혜로운 삶의 원칙-Sharon Lebell』,
『깨어남에서 깨달음까지-Adyashanti』 출간.

사월 외 3편

거기에 모란 따윈 없었다
남도주점 술은 독하지 않았지만
탐진강을 거슬러 오를 땐 손발이 다 저려왔다
겨울 억새 한 뭉치씩 떼로 흔들렸다
강진만 내다뵈는 목리길
떨고 있을 영랑생가 밀랍인형에
웃음 짓누르며 걷는 동안
술 탓인지 시 따위는 떠오르지도 않았다
밀짚모자에 붉은 남방이라니
남풍이 얼음보다 찼다
백련사가 자꾸 멀어지고 있었다

시작詩作, 시작始作

종일 돌아다니다 이 밤에야
낡은 시집 하나 꺼내 읽는 건

자꾸 궁금해져서

낮에 본 남빛 하늘 넌 무어라 부를까
너하고 걸은 길 이름
여기 어디 적혀있나 해서

밤잠 못 이루고 새벽녘에야
긴긴 시 하나 시작하는 건
이젠 알고 싶어져서

미루고 미뤄오던 속엣말은
정말 내거였는지
이제껏 안고 산 네가 정말 너 맞는지

길 나서자 수런수런 등 떠밀며
장다리꽃 흔들던 황룡강
그것이 너와 나의 강이었는지

바람이 꽃을, 꽃들이 강을 향하듯
그 언제 서로 향해 설 수 있는지

이제는 알고 싶어져서
자꾸만 궁금해져서

환산정

풍경이 혼잣말을 쏟고 있다
손님 하나 없는 아우네 찻집
어제부터 함박지게 눈이 내린다

전기 끊긴 한 달

나바호마을 겨울은 눈이 없었다
블랙메사*에 별들이 질펀해지면
환산정 아래 얼어붙은 연못이 떠올랐다

가문비나무 말고는 벌판에 모래바람뿐
드 셸리계곡에서 화순골까지
몇 걸음이나 떠밀렸는지 모른다
말수 적던 빅토리아는 호피족이 아닐까

풍경이 숨가쁘게 바람을 세는 동안
아우는 구시렁대며 아궁이불 되 지피고
둘은 담배를 참으며 콜록콜록, 심심한 밤 건너고 있다

희붐한 서성못 건너 범종소리가
늑대울음을 닮아간다

세상이 새로 시작되려나
사방이 지워진 아침
솔 산들은 적멸하고
풍경도 꽁꽁 목이 쇠었다

둘은 하릴없이 새우잠을 청하고

*아리조나주 나바호지역에 분포하는 평평하게 솟은 산의 통칭.
지역 내에 드 셸리(셰이)계곡Canyon de Chelly이 있다.

영산포 유전遺傳

그림자가 긴 사람들은 왜 강을 찾는가
나이처럼 질긴 술버릇 때문인지
오후의 영산남포
젊은 날의 얼굴은 어떤 표정도 남겨두지 않았다

돌아도 너무 돈다는 느러지에* 소문처럼

늘 멀어지기만 하던 오늘
그들이 마을을 등지고 나서는 건
혹 세상에 하나뿐인 강이 거기 있어서인가

숨죽여 산란하는 물비늘로 가슴살 문지르며
강은 비릿한 해어름 속에 미적거린다
풍경이 슬금슬금 물러서고
강가에 그림자들도 희미해졌다

어찌 알았겠는가, 한때 눈에 익은 우리세상
막혀버린 물길에 시름하다가
잔바람 몇 조각 귓전에 닿으면
강은 별 하나씩 들어올리고
느린 노래를 시작한다

누가 이 노래를 멈출 수 있으랴
이 오래된 노래 따라 부를 수 있으랴

그림자가 긴 사람들이 강가에 서서
조용히 손 모은 채 한쪽을 향하는 건
세상에 하나뿐인 강이 거기 있어서인가
혹 그들만 아는 노래가 흐르고 있는 건가

*나주시 동강면 옥정리와 무안군 몽탄면 이산리 사이의 영산강 구비.

■시작 노트

지난 겨울부터였다. 느낌이 영 심상치가 않다. 진맥 찰색에 능하고 수입도 짭짤하던 이전의 세상만사가 시들해져버리고 본 적 없는 가슴세상이 열리는데 정신이 그만 혼미하여 벙어리요 귀머거리 된 지 한참이라, 이 나이에 길거리에 나앉게 생겼다, 이 말씀이다. 삼재 중에도 '눌삼재' 인 모양. 운기율에 의하면 이제 반드시 귀인을 만나 평생의 그리움을 풀고 머리엔 봉황 깃을 꽂을 때라 하건만, 그게 지난 겨울부터서라야 맞건만, 귀인은 그 누구며, 깃털은 어딜 갔노?

조진옥

비운다는 것 외 3편

경북 성주 출생.
2012년 《시와문화》 등단.
성주문학회원, 대구경북작가회의 회원.
동화 구연가. 시 낭송가.

비운다는 것 외 3편

하늘도 가끔은 몸 무거워
지상으로 한 방울씩 비를 내린다
그동안 하늘이 안고 있던 그것들이,
뚝뚝 떨어지는 그것들이
자동차 앞 유리에 부딪히는가 하면
곧장 하늘로 치솟았다가
이내 길 위로 가뿐히 내려 앉아
어느 새 자동차 바퀴와 만난다
성형하듯 그어진 빗살무늬 화살촉 같은
제법 선명하고 미세한 선들로 이루어진 바퀴, 그 바퀴가
제각각 다른 방향으로 물길을 열어
빠른 물살에도 미끄러져 나뒹굴지 않도록
조심스럽게 제어한다
브레이크 제동 장치도 아닌 그것이
처르륵, 처륵,
물을 게워내는 소리를 들으며,
안전하게 길을 내는 소리를 들으며
우리들 인생도 가끔은 내려놓을 줄 알고
가끔은 버려야 할 것들이 있음을 알게 한다

우리들 마음 무거워 혼자 설 수 없다면
안고 있던 그것들 세상 밖으로 내려놓고
훌훌 가볍게 서야 한다는 것을 알게 한다.

비밀

머리를 샴푸했을 뿐인데
갑자기 하수구 물길이 막혔다
비누거품 하얗게
몸에서 떨어져 나간 순간
저거들끼리 웅숭웅숭
귓속말인가 수군수군
마침내 물의 길을 막아버렸다
가느다랗고 굽슬한 머리카락이
물을 안고 온몸으로 버티고 서 있는 광경에
한참을 물끄러미 보고만 있었다
조금 전까지
우린 같은 몸으로 살았는데, 그랬는데
나의 이 감춰진 부드러움 속에
내 몸속 어디엔가 저렇듯 견고함을,

저렇게 물길 막는 콘크리트 단단함을 숨겼던 것일까
댐처럼 서서 물길 막고 서 있는 그들과
서로 말하지 않아 알 수 없었던 비밀을
미리 알았더라면 더 즐거웠을 비밀을
지금에서야 알아버린 나

이제는 다 안다

바람을 기다리다

열린 창문 틈으로
바람이 슬그머니 기세를 떨치자
순간 몸을 비틀어 공중으로 부양하는
투명한 비닐 봉지 하나
저것도 원래는 살아 있었던 거지
저것에도 원래는 생각이 있었던 거야
살아야만 하는 책임감을 업고
오랫동안 연명이란 걸 하며
여태껏 주방 한쪽 바닥에
가만히 웅크리고 있다가

바람이 실내 가득 그 몸짓을 보이자마자
본능처럼 일어나 앉아
살아 있다는 것을 확인시키고 있다
이것 봐봐, 나 살아 있잖아
나, 이렇게 스스스 소리 내며
날렵하게 움직이고 있잖아
때때로 산다는 건
오랜 기다림에 지쳐 포기하려다가도
이렇게 다시 일어서게 만드는 바람 같은 것이다

촉촉한 과자를 먹다

밀가루 범벅된 음식은, 특별히 과자는
될 수 있으면 먹지 말라고 했는데
아이들에게도 누누이 얘기했는데
부끄럽게도 오늘
촉촉하다는 글귀가 마음에 들어
눈물이 젖었다는 글귀가 마음에 들어
덥석 과자를 사버렸다
다른 날엔 너무 많이 걸려와 귀찮던 전화도

오늘은 한 통 없다는 탓을 하며
비는 또 왜 부슬부슬 내리는지 탓하며
입으로 촉촉한 초코칩 만나본다
식품의 보관방법이
과자 겉 포장지에 빼곡하게 적혀있다
직사광선을 피하라는데
온도와 습도가 낮은 곳에 보관하라는데
개봉 후에는 될 수 있으면 빨리 드시라는데
빨리 드시라, 될 수 있으면…
하하 눈물 젖은 초코칩 빨리 드실 수 있나요 당신은?
눈물에 젖은 얼룩진 나이테를 먹는데
후다닥 먹을 수 있나요?
밀이 익어가는 시절에
밤새 누군가가 울다가 떨군 짭짤함이 배어 있을지
누군가의 발에 짓이겨진 인생의 쓴맛이 스며있을지 모르는
촉촉한 초코칩, 그대도 빨리 먹어버릴 건가요?
밖은 부슬부슬 비 내리고
나의 입가에도 귓가에도 눈가에도
부슬부슬 비는 내리고
초코칩은 촉촉해지고

■시작 노트

이제 겨울 오고
싸락싸락 눈도 내릴 텐데
쏴, 쏴 차가운 바람도 불 텐데
그대, 나하고 같이 가자
외롭지 않게 나하고 같이 가자.

한도훈

갈매기의 서열 외 3편

2014년 《시와문화》 신인상 등단.
시집 『오늘, 악어떼가 자살을 했다』, 『홍시』, 『코피의 향기』,
동화 『독도야 간밤에 잘 잤느냐』, 『소라의 용못』 등이 있다.
연구서 『부천의 땅이름 이야기』,
『장말도당굿』, 『자리걷이』 등이 있다.

갈매기의 서열 외 3편

황산도 들머리에 갈매기들이 한 줄로 줄지어 앉았어. 갈매기들의 질서정연한 서열. 우두머리 갈매기가 뇌까렸어. 왜이리 눈치가 없는 게야. 빨랑 가서 횟집에 죽치고 있는 인간들 숫자나 세고 와. 맨 아래 갈매기가 핑 하니 황산도 횟집을 돌았어. 한치의 배를 갈라 널어놓은 빨래줄에 앉아 인간들을 엿 보았지. 다들 짝으로, 단체로 몰려와서는 갯벌에서 캐낸 조개들을 퍼먹고, 낙지며 장어들을 구워댔어. 이 친구들은 서로 윗자리 차지하기 위해 피 터지게 싸우다가 잠시 화해를 하고 모여든 것이었어. 다들 건배, 건빠이를 외치며 엉덩이를 들썩거렸지. 막내 갈매기가 휑하니 날아가 보고를 했어. 출세에 썩은 인간들만 모여 있던대요.

곰팡이 요정

푸르스름한 햇빛 입은 요정이 골방 귀퉁이에 살포시 내려앉았다.

오매, 신경 쓰지 마쇼잉. 인제부텀 여기가 내집잉께. 가끔씩 먹다 남긴 식빵이나 방구석에다 던져 놓으쇼잉. 나비처럼 사뿐이 날아가 곱고 앙증맞은 이 몸으로 춤추고, 궁글고, 뽀뽀하고 난리 부루스를 쳐줄팅께. 허지만 그짝한텐 눈길 한 번 주지 않을랑께요. 야릇한 질투일랑 허덜덜 말고… 세상 끝자락이나 붙들고 늘어지쇼잉. 우주 뿌리도 한 번 캐보고잉. 소주잔에 초승달 닮은 엄지 손톱이 빠지고, 먼지가 흰눈처럼 휘날릴 적에도 고즈넉허니 먼지 구덩이와 함께 살랑께. 그대의 이웃으로, 그대의 살붙이로, 정이 따북따북 붙으면 애인으로도 살아줄랑께. 살다가 살다가 지겨우면 요 골방을 온갖 색채로 수놓아 뿔면 되지 않것소잉. 그대의 살점까지 오색으로 물들여 줄팅께. 오매, 추상화가 별것이간디. 내가 춤 한 번 멋지게 추어 뿔면 온동네 곰팡이 요정들이 물밀듯이 몰려들 것이랑께. 하나같이 재주가 출중헌 친구들이랑께요. 애시당초, 걱정일랑 허덜덜 말어요. 내가 요로코롬 아양 떨면 겁나게 이쁘

지라잉. 하늘로 날아댕기는 천사보담 더 귀엽지라잉. 흑요석 닮은 눈깔에 삼박, 사박자를 두루 갖춘 몸매. 두고 보씨요잉. 요 골방을 서양 궁전처럼 화려하게 꾸며 놀랑께. 안심허씨요잉. 시간일랑 요물딱조물딱 해설랑 떡국처럼 싹뚝싹뚝 잘라 잡수시요잉. 그라먼 대머리 독수리 입에다가 좋은 소식을 물려 날아올지 모르니께. 시상이 싹 바뀌질지 누가 아요잉.

수백 군데 이력서를 보낸 회사에선 잘 받았다는 전화 한 통 없었다. 나른한 여름 오후였다.

뒤뜰에서

어기야디야

집 뒤뜰 작은 웅덩이에 굴뚝새 한 마리가 날아와 앉았다. 물 한 모금으로 갈증을 풀더니 부리로 제 가슴을 쪼았다. 조금씩 깃털이 벗겨지더니 아름다운 여인으로 변신했다.

여인이 손가락을 들어 웅덩이를 가리키니 작은 웅덩

이가 금강산 선녀탕 만큼이나 커졌다. 여인이 알몸으로 목욕을 했다. 깃털 옷은 장독대에 가지런히 놓여 있었다.

훔칠까. 두 손이 떨리고 오줌이 찔끔거렸다. 여인은 묵은 때가 많은지 오래도록 씻었다. 결단 끝에 깃털 옷을 훔쳐 앞마당으로 갔다. 대문 앞에서 남김없이 태워 버렸다.

뒤뜰로 가자 여인이 깃털옷을 찾느라 두리번거렸다. 이제 깃털옷은 없소이다. 한없이 우는 여인을 달래느라 한세월이 갔다. 여인의 손톱이 새카맣게 변하고 얼굴엔 주름이 가득했다. 열 명의 자식들이 집을 떠난 뒤에는 꼬부랑 할머니가 되었다.

그제서야 여인은 스스로 깃털 옷을 지어 입고선 하늘 높이 날아갔다.

어기야디야
깃털 옷이 없는 나는 뒤뜰에서 물이나 마시는 굴뚝새를 하염없이 바라보았다.

짝짝이 양말

왜 짝짝이 양말을 신었대유? 한쪽 발이 너무 부어서 그랬어. 발이 붓지 않고 멀쩡헌디유. 아따, 멀쩡허지 않는 게 천지사방, 쌔고 쌨는디...아, 신발 한쪽이 작아서 어쩔 수 없이 얇은 양말을 신었어. 그란디 신발이 똑같구먼유. 이 신발은 신을 때는 한쪽이 작아졌다가 벗어놓으면 똑같아지는 요술 신발이여. 신발이 지 맘대로 늘었다가 줄었다가 그래. 그것도 몰러? 세상 헛살았구먼. 그럼, 요술 한 번 부려봐유. 신발이 그러는디, 자네들이 맘에 안 든다. 고랑께 신발이 줄어들지를 않지. 신발이 말을 알아 들어유? 왜 이런겨. 우리 집에 가면 삐딱한데 서 있어도 미끄러지지 않는 요술 양말도 있당께. 정말 그래유? 그렇다니께. 아글씨, 그걸 신고 있으면 맴이 편안해져뿌러. 쬐끔이래도 미끄러질라치면 하늘에서 내려온 왕거미줄을 꽉 잡으면 돼야. 하늘에서 왕거미줄이 내려와유? 이따가 우리 집에 와서 봐. 왕거미줄이 내려오지 않으면 옥황상제가 날 잡아간다니께. 옥황상제가유? 아 글씨, 옥황상제는 오줌을 안 싼대여. 그랑께, 내가 오줌을 싸면 옷이 더러우니까 하늘나라에서 오지 못하게 한 대여. 아즉 하늘나라 가기엔 멀었어. 근데 이 사람들아. 이런 얘기 들어 봤어.

우리 집엔 몸뚱이가 허벅지만한 구렁이가 살어. 그래유? 그 구렁이하고 내가 말을 터놓고 지내. 신발하고도 통하고, 구렁이하고도 통하네유. 아 글씨, 나 보고 곧 집 기둥이 무너지니까 집에서 나가지 말래. 그런데 마을회관엔 왜 오셨대유. 엉? 집이 무너지면 그 밑에 깔리나. 그랑께 깔려죽는다는 얘기인갑네. 어이구 저런! 그럼, 나 집에 안가고 여기서 살래. 구렁이가 거짓말을 한 거네유. 아 아녀. 통구렁이는 거짓말을 안해. 나보고 짝짝이 양말을 신고 가라고 한 것도 그 녀석이여.

■시작 노트

시 쓰려고 책상 앞에 앉으면 온몸이 발가벗겨진 느낌이다. 발꼬락부터 머리터럭 한 올까지 쭈뼛거리지 않는 것이 없다. 핏속으로 악어가 두 마리쯤 기어다니기 시작한다. 이들이 생각을 온통 헤집어 놓아 미열에서 시작해서 두통까지 따라온다.

이때면 시의 빗줄기는 더욱 가늘어지고, 곤드레만드레 취한 몰골로 거울을 쳐다보기 일쑤다. 거기엔 늙어가는 딱정벌레 한 마리가 있을 뿐. 시는 온데간데없다.

한껏 말랑거리는 홍시를 먹어보아도 나무뿌리 씹는 것처럼 쓰디쓰다. 이렇게 온전하지 못한 정신으로 나의 분신을 바라본다. 해걸음녘까지 우두커니 바라볼 때가 있다. 그러다가 문득 한 단어가 동공을 뚫고 날아온다. 누군가 우주에서 그 단어를 새총에 넣고 발사한 모양이다. 그 단어를 가지고 오물딱조물딱 거리다보면 어느새 한 채의 집이 지어진다. 그 안에서 살 수 없는 집이… 가슴만 벌렁거리게 만드는 집이….

한명환

혈구산穴口山 외 3편

1992년 《시와 사회》「한 구도자의 갈등과 신념-고은론」으로 평론활동 시작.

《불교문예》 편집위원(2005~2007) 역임.

2010년 《시와문화》 신인상 수상.

《시와문화》 편집위원 및 '시문 작가회' 회장.

혈구산穴口山 외 3편

태초에 물이 있고 뭍이 있었을 것이다
거칠 것 없는 바다에서 460여 미터 솟은 봉우리
물과 물 사이로 둥둥 수제비처럼 떠있는
섬들, 섬들 사이로
이 섬의 마니산, 고려산처럼
전설로 이름 붙여진
태초의 구릉 혈구산穴口山

그 산 아래 혈구에서 나와 자란 사람들은
하늘 아래 엎드려 대를 이어오며
허리 굽혀 땅을 파고 땅에 심은 것들을 먹고
땅에 묻힐 줄 알아
노랑 고구마 발그레한 순무 마냥
하늘 부끄러워할 줄 알았으리라

바람 그치지 않아
갈대조차 파랗게 질린 지금
제주에서 서쪽 끝으로
태초의 꿈 간직한
마지막 영산

그 누군가*
뭍의 유혹에 사무쳐
단숨에 정상까지 뛰어올라
바로 저기 비틀린 소나무 둥치 안고
갈대숲 사이에서
펑펑 울기도 하였다던 그 혈구산

지금 막
일산대교 타고 몰려온
겨울 관광객 셔터 소리에
한참 놀라고 있는 중이다.

*혈구산 아래 강화 안양대학교 설립자이다. 그의 자서전 『민들레 홀씨 바람에 날려』를 읽고 알게 된 내용이다.

11월의 장미

기브스하고 꼬나보는 어린 녀석
수능이나 쳤을까
담배연기 뿜는 팔순 할머니
어젯밤 술 마신 내 청춘아!
텅빈 가게 반들반들 닦아놓고
차 마시던 여자
동그랗게 뜬 눈으로 쳐다본다

어젠 비가 추슬추슬 내렸고
오늘은 흐리고 으슬으슬하다
책을 들고 돌아다니는 내 포즈는 너무
낡고 잘못된 게다

누군가 내게 실수로 책 속에 진리가 있다
말한 것을 평생 그대로
따라 하는 그러면서도 바꾸지 못하는
바꾸면 숨 막혀 공황장애 환자가 되고 마는
그런 건 아닐까

도서관 입구 요염하게 핀 장미 송이들

며칠 전 홍릉 수목원에서도 본 11월의 장미다
그 장미에 담배 피는 노파의 포즈가
겹친다 숨 막힌다

아무래도 나는 아까 그 미용실 여자에게
가봐야 할 것 같다

도심 은행 알을 밟았다

딴 생각하다
밟은 은행 알
물컹 똥 밟았다고 생각했다

돌이킬 수 없는 죄
비 젖은 낙엽 속에 노오란 분비액
함부로 사랑한 욕망 끝에 남은
체액처럼
싸아–한
향내 가슴 속 깊이 퍼진다
내 안이 해독된다

깊숙이
만질 수도 볼 수도 없는
향으로만 느낄 수 있는 절정의 훈욕燻浴

알에 대해 믿었던 가짜 신념들…

답답한 곳에서
알은 얼마나 오묘한가
또 얼마나 거룩한가

은혜부동산

거룩한 주일이다
새벽 다섯 시 일어나 미사 보고
아홉 시에 또 모여 기도하고
열시 반부터 열두 시까지
동네 어르신 도시락 배달 봉사하고
점심 먹으러 집에 들어서니
마트 다니는 마누라,
당신 보니까 안 되겠다고 한다
자기 믿고 농땡이 치느냐 한다

죽고 싶은 마음으로 집을 나와
한참 돌아다니다 마주친 은혜부동산,
'은혜부동산' 부부는
자녀 은사 많은 금슬 좋은 기독교인이었지

지난 추석,
의정부 새로 난 고속도로에서
인천 가는 공항버스가 부부 덮쳐버렸지
나란히 금슬 좋게 떠나
연락해 줄 배우자 없는 빈 장례식장

상주인 의사 아들 쓸쓸히 지켰지

'**지구 7월 입주' 광고문이 나부끼는 은혜부동산
세금 독촉장 한 장 삐져 나와
뭐가 문제냐는 듯
나를 빤히 바라본다.

■시작 노트

시로 등단한 지도 벌써 만 오 년이다. 마음이 힘들 때 진심으로 시를 끄적대지만 정작 시가 안 되는 때가 많아, 시 쓰기가 어렵다는 생각을 한다.

그렇다고 해서 다른 시가 마음에 드는 것도 아니다. 담담하게 엎드려 삶의 흔적을 관찰하고 그 흔적을 정확히 담고 싶다. 세월은 빠르고 빠른 만큼 세월의 흔적도 빠르다. 그러다 보니 시간 착오를 일으키기도 한다. 하지만 흔적에도 분명히 논리가 있다.

황지영

주름살 외 3편

1998년 《문예사조》 수필 부문 신인상.
2012년 《시와문화》 시 부문 신인상 수상 등단.
'시와 같이' 강사로 활동.

주름살 외 3편

하얀 쪽배의 계수나무에
꽉 머리를 묶고
목 밑에는 날카로운 칼을
세우고 밤새 앉은 산

어둠을 견디어낸 새벽 별빛이
노승의 먹빛 눈동자에 내려앉는다.

여명 속에 원근감으로
밝아오는 지리산의 청정새벽

가부좌하고 앉은 노승의 이마에
산 능선이 첩첩이 드러난다.

오후의 산책

오후의 햇살에 그림자가
길게 키를 키운다.
첫걸음 떼는 아이를 맞이하는
엄마가 되어 팔 벌려 나를
맞이하는 나무
가슴을 열고 빠르게 다가오는 하늘
강물에 담긴다.

잠자던 사물들이 눈길이 닿는 곳마다 반짝이기 시작한다.

강 밑바닥 고승이
고요히 결가부좌 한다.

소용돌이치던 하루가
노을에 물들어가며
가만 가만 잠자리를
준비한다.

강물에 뛰어들고 싶던 일상도

발자국 따라가다 보면
고요하게 강물에 새얼굴을 비춰준다.
정성들여 현미밥을 꼭꼭 씹듯이 걷다보면
황금들녘으로 기쁨의 은어 떼가 물결친다.

살짝 입 꼬리만 올려도

큰 파도를 일으키던 바다
고요히 잠잠해지고

잔잔한 강물에 햇살이 반짝이며 뛰논다.

바람이 머릿결을 어루만져주는
황금들판의 조용한 아카펠라 합창소리

잔뜩 어둠을 품었던 골짜기 얼굴
크레센토로 서서히 빛이 퍼져나간다.

꽉 다물수록
감당할 수 없었던 천근만근 입술의 무게

살짝 깃털처럼 가벼워지고

근심의 철새 떼, 일제히 날개를
퍼덕이며 떠나간다.

새들이 날아간 자리는 날아든 자리
꽃이 진 자리 씨앗이 피어난다.

서로 바라보며 말없이 말문을 연다.
소리 없이 말이 통한다.

얼굴을 가리킨다.
마음이 깨친다.
살짝만 올려도

구멍

담임선생님의 종례가 끝나자마자 재빠르게 가방을 챙겨
100미터 달리기 선수가 되어 결승점이 집인양 전력

질주 했다.

가방을 팔짱에 끼고, 두 손으로 대문을 활짝 열고,

세상을 다 얻은 것처럼 큰소리로 외쳤다.

“엄~마아~”

소리만 집안 구석구석을 살필 뿐 되돌아오는 대답이 없다.

집을 돌아다니며 방마다 문을 벌컥벌컥 열며, 엄마를 찾아다녔다.

엄마는 집안 어느 곳에도 없다

맨발로 뛰어나와 두 팔 활짝 벌려 나를 꼭 안아주는

엄마가 보이지 않는다.

엄마가 집에 없다.

눈이 내린다

삼 년에 한번 내리기도
어려운 내 고향 진주에
보석 같은 눈이 내린다.

소망의 불을 밝히며

네온사인 빛을 발하며
눈이 내린다.

봄부터 내린다.
소망이 애달파 목 꺾고
눈덩이로 쏟아지던 목련 따라 무겁게
하얀 벚꽃 잎으로 가볍게

비 내리는 봄날 음악실 앞
흘러나오는 칸초네의 선율을 타고
눈물 되어 눈이 내린다.
고여진 웅덩이에도 내린 눈이
흐르고 있다.

여름에도 쏟아진다.
희망은 푸르러 뚝뚝 떨어지는
땀방울로 푸른 여름나뭇잎
비추이는 계곡물 따라
내리고 또 내린다.

가을에도 뚝 뚝 떨어진다.
흰색 하나로 부족하여
만산홍엽으로
빨강, 노랑, 형형색색

눈이 내린다.

꿈을 연에 실어 하늘 높이 날린다.
여러 종류의 온갖 연이 꽃눈이 되어
흩날리고 있다.

눈이 내린다.
오랜 기다림으로 목빼고
하늘에서 쏟아져 내린다.
마음에서 하염없이 쏟아진다.

새싹의 어린 눈으로 바라보니
눈은 봄, 여름, 가을, 겨울
어느 계절이라도 내리고 있다.
지상의 가장 아름다운
감탄사를 품고 쏟아져 내린다.

■시작 노트

속살을 보여주지 않으려고 굳게 결심한 듯한
단단한 밤의 겉껍질을 힘을 주어 깐다.
물에 담가 두었다 속껍질을 조심스레 깎아낸다.
정신을 집중하여 칼로 얇게 저며,
정성을 들여 채를 곱게 썬다.
잠시 주의 산만해도 모양이 흐트러져 버린다.
칼이 무뎌도 정갈하게 채 썰어지지 않는다.
무딘 칼의 날을 잘 세워 갈아야 한다.
잘 갈려진 칼로 몰입하여 익숙한 솜씨로
제대로 채를 쓸 수 있었으면 좋겠다.

황희수

환상버스 외 3편

황토현 인근에서 팔남매의 막내로 태어남.
(아버지께서 지어주신 본명은 황선미).
어릴 때부터 '왜 태어났을까?' 질문을 거듭함.
그 이유를 알고 시와 합일함.
동국대학교에서 문학회 활동, 동대문학상을 수상.
2013년 《시와문화》로 등단.

환상버스 외 3편

다람쥐 비범한 중생 잽싸게 법당 댓돌 위에서 참배한 후 이승 밖으로 정중 탈피한다

내가 접하는 서정과 굴욕 환생의 덕목 법거량 한 대목 누각 처마 풍경이 대신한다

살아도 죽은, 죽어서도 살아있는 생육 언저리
살아있는 해골들의 잔치
언제나 마주하는 자문자답,
이번 생이 끝이야

오백년 배흘림에 헐어가는 향기
나는 너무 오래됐다

허공에서 혀 빼고 침 흘리며 개떼 같은 무의미가 달려온다

장마전선

남도는 장마전선
마른 번개 울음이 먼저 전한다
산자의 탄식과 혼란에 묶여
어린 혼들 떠도는 회색 반도 끝자락
불온한 공작 창궐하는 전염병 전선 여전한데
봄 가뭄 터진 입술 긴 입맞춤에도
흠뻑 젖지 못하는 반도는 내내 미명이다

속살 녹던 밤새
꽃 봉우리 머금다가
새벽 꽃 문 여는 옥잠화
흰 꽃잎에 빗물 오신다
나는 내내 내가 고프고,
장마전선 북상 소식에
홀로 남도에서 정진하는
배고픈 수행자 끼니를 염려한다
시간 너머 과거와 미래 의식 죄다 소환해
얼룩진 의심과 욕망 녹이면 좋으련만
누구의 심장에도 귀의하지 못한 나는
내내 내가 고프고,

생각 날 때마다 호주머니에서 꺼내보는
미련 한 줄

배회하던 눈동자
장마전선 따라 어린 혼과 떠도는 반도
나는 내내 어둡다

새의 발톱

지난 여름 죽은 새의 발톱에 찢긴 향나무 잎사귀 사이
일상은 그런 거라고 소탈하게 미소짓지만 머리를 짓누르는 날갯짓은 연일 무겁다
시지프의 돌덩이 같은 잠의 무게
사내의 간은 검은 태양을 붙잡고 오늘도 구른다

지구라는 울퉁불퉁한 옹관에서 부식되는 일,
내 어머니는 십년 동안 무덤 속 석관을 부유하며 머리카락과 손톱을 키우셨지
빈 옹기 속 공명하는 바람소리처럼

허탈과 공허를 두르고
그에게서 거부된 우울이 부러뜨린 늑골 끝을 갈아서 만든 연장으로 시를 쓴다
출근길 만둣속 같은 지하철 출구에서
큰소리로 전화에 토악질하는 여자의 머리채를 흔들고 싶었다

가로등에 걸린 순한 가지의 발가벗음
새의 발톱은 휘어진 채 풍화되고
뭉개진 새의 의지를 디자인해준다

허탈의 헤진 일상을 여미고
페인트칠 벗겨진 공동주택 헐어진 벽면에
촉수 뻗어 스며드는 담쟁이처럼
일상은 서둘러 쌀을 씻고 좌정 후
정수리의 우물을 깃는다

팔 다리 잘려나간 직화구이 살점에서 기름이 떨어지듯 눈가에 매달린 얼굴 씻겨낸다
시간이 포식한 집요한 그림자
희미해지고 아득해진 지점에서 몸통이 녹고
타오르던 가슴과 눈빛도 연기되어 가물거린다

머리카락 한 움큼 엮어

그에게 다다를
신발을 삼아야지, 다시금

순백의 고요에 삼투압 된 그가 흐른다
경계를 넘은 새의 발톱 가지를 붙든다
부활은 시도 때도 없이 나를 부른다

마리오네뜨 미소

유령이 출몰한다는 시월 마지막 밤, 여자는 사라졌다 구름 사이 고개든 달빛 향해 우우 연기를 내뿜다가 연기와 함께 흩어졌다 한쪽 어깨는 버드가지처럼 휘날리던 귀갓길, 사람 훑어낸 빈 공원 붉은 입술 혼자 잘근거리며 가슴 태운다

바람의 위대한 부름에 공중부양하는 낙엽의 저음 깔린 시월 마지막 밤, 십이 층 할아버지는 나뭇가지에 생의 바통을 넘겨주고 낙엽처럼 화단으로 지셨다. 하얀 천에 둘둘 말려서 늙은 아내의 신원 확인 도장이 찍히

기 전까지 기다렸다 시푸른 녹을 게워내며 이승의 경계를 넘어 서서히 굳어갔다 낙엽은 나비 춤사위 공중부양 회오리 영산회상을 연주했다 1004호 푸른 창이 소문을 부릴 때 여자는 적막의 토굴을 기웃거리던 중이었다 고층 아파트 마디에서 입시정보와 노후 대책 투자 광고 자본에 물들인 과거의 여자는 되새김질을 멈춘다. 죽음이 두렵지 않을 만큼의 우울을 껴 입고 머릿속 빈 뜰을 들인다 겨울 문턱에서 여자는 없다

엄마와 아내라는 줄로 작동되던 먹먹한 눈빛, 습관성알콜증후군에 이끼 낀 눈동자 하얀 눈발이 자각의 파동 일으킨다 중환자실 문병가던 호남고속도로 지평선 끝에 내리꽂히고 싶던 여자는 종착지에서 북두칠성과 눈 맞추고 삶을 맹렬히 갈망하기 시작했었다 내장의 숲이 기억하는 탯줄의 아픔, 탯줄로 공수된 아버지 어머니의 외로움과 결핍이 오장육보 장기를 슬픔으로 키워왔다고, 고통의 꽃자리에 상처가 녹고 에너지 똬리가 작동하며 여자는 없다 마리오네뜨 여자가 줄에서 놓여나 하얀 티슈로 흩날린다

다음에 만나자던 약속은 지켜지지 않았다 각인된 실루엣 가슴에 밝힌다 계절의 골은 깊어져 마비된 희망의 아우라 달무리 진다 세상은 남고 여자는 없다 매듭 풀어 공중부양하는 낙엽 따라 하얀 티슈처럼 고층

아파트 창밖으로 영혼을 방생한다 친절한 미소의 오래된 습관 대신 먹빛 눈물을 흘리던 여자는 이제 더 이상 없다

■시작 노트

나를 축으로 하나의 우주가 원점을 찍어 원을 만든다.
모두 다 우주다.
모두 다 하나의 꽃을 피우는 우주다.
각자의 길을 만든다.

나는 내 우주 꽃을 아름답고 향기롭게 피우고자 한다.
껍질 벗고 훌훌
그 속에서 시는
나의 우주 소리
옴이다.

■해설

은폐된 상처와 흔적에서 벗어나기

한 명 환
(시인 · 문학평론가)

삶의 고단함, 상처의 덧남, 혹은 쓴 웃음으로 삼킴

가난도 외로움도 그런대로 추억이 되었던 시절이 있었다. '마르지 않는 눈물 같은 안개 퍼올리는 화물선/ 뜬눈으로 달려도 끝 보이지 않는 바다'를 그리워하고, '무릎이 혹처럼 튀어나온 바지/ 겨울 햇살에 부끄럽게 내보이며/ 하나 되는'(윤세민, 「쓰레기를 버리다가」) 시절이 있었다. 그렇게 모두가 같아졌을 때는 오히려 괜찮기도 했었다. 그러나 지금은 '먹어도 먹어도 배부르지 않는 그 밥상이 나를 빤히 쳐다본다'(김선, 「한 끼의 식사」) 산은 왜 '계수나무에 꽉 머리를 묶고 목 밑에는 날카로운 칼을 세우고 밤새 앉'(황지영, 「주름살」)아 있는 걸까? 왜 '활자 상비약 쌓아 놓고'(이소율, 「상비약」) 지내는 걸까?

오래 전 노벨상 수상작가 게오르규는 시인이란 잠수함을 탄 실험용 모르모트와 같다고 했다. 시인이란 시대의 첨단에 서서 아픔을 촉수로 감지하여 그 고통을 먼저 견디고 전하는 자라 하였다. 글쓰기 정황은 정확히 말하면 지금이 20세기보다 더 열악하다. 나이 먹는 일이 예사로운 세상에 시적 고삐를 늦출 수 없다. 김림은 차고 예리한 사물을 통해 이러한 번민의 흔적을 충격적으로 제시한다. 동백은 '모가지 뎅강 잘린 채 누운 붉은 입술' 이며 '칼날에 베인 혀는/ 왈칵 소스라친다' (벽) 그녀에게 삶은 전쟁과도 같다. 시를 쓰는 순간이 '휴전' 이라고 생각하는 것 같다. 휴전선은 분단된 국가보다 생활에서 더 지독하게 실감된다. '뱀의 혀처럼 감겨오는 이 불화를/ 적출해다오' (「휴전선」)의 절규로 고통스러운 인간관계의 고단함에서 벗어나고 싶어한다.

김선의 시 또한 암담한 절망과 불면의 시간을 견딘다. '초승달 끝으로 날아간 아이비 화살은 더 이상 나의 과녁을 뚫지 못하고 죽은 여자의 발등으로 떨어지는 촛농' 이다. 한겨울의 고드름은 죽는 것이 사는 것이다. '흩어져 있는 나뭇잎이며 낮은 처마, 버려진 비닐봉지들을 함께 묶는' 고드름은 아낌없이 녹아 흐른다. '마흔의 발목' 을 잡는 비극적 상황으로부터 벗어날 길은 고드름처럼 차갑게 녹아 흘러 보시하는 길밖에 없다. '몸을 아낌없이 녹여 봄 햇살 피륙을 짠다/ 이제야 제 넋을 나뭇가지에 가지런히 눕혀/ 햇살 다비식을 한다/ 저를 죽여서 굳은 땅을 녹인다.' 그리고 고드름은 죽은 뒤에 여린 민들레 꽃씨로 피어난다.' 죽는 것이 사는 것이다. 새 삶의 경지를 엿본다.

이소율 시에는 과거 근대화 시대 강요당했던 여성으로서의 홀로서기 고통과 상처가 스며들어 있다. 봄은 그녀에게 '소환장' 이며 라일락 등나무꽃은 '수갑' 이다. '쏟아보면 종이컵 한 잔' 에 불과한 인생(이소율, 「종이컵」)이 왜 우리에겐 이렇게 무거운 걸까? 황희수는 아예 '우울이 부러뜨린 늑골 끝을 갈아서 만든 연장으로 시를 쓴' 다.(황희수, 「새의 발톱」) 배부르지 않은 밥상과 불면의 밤은 SNS 채팅으로 왜곡된다. 채팅은 소통의 지연이자 땜방이다. 탄생과 죽음의 문자가 공존하는 식의 소통은 비인간적이다. 기기에 의존한 소통방식은 진정한 삶으로부터 존재로부터 스스로를 소외시킨다. '푸른 섬광에 드러난 문자들이 서로 낯설어서/ 까똑까똑 어색하게 인사 나누다가/ 까또그르르르…자지러집니다' (김은옥, 「번개팅」) 그래도 세상은 돌아간다 여기지만, '안개의 저쪽' 에 대한 막연한 두려움이 남아있다.

장우원 시인은 데모 세대로서 고문의 공포에서 자유롭지 못함을 토로한다. '수그려라 들어라 삐딱하게/ 돌려라 말은 없지만/ 그의 손 끝 까딱임 따라/ 내 목도 잘 조종돼'(장우원, 「이용원에서」) 그의 무의식은 여전히 과거의 폭력에 볼모잡혀 있으며 고문의 상처가 일상속에서 반복되고 있음을 알 수 있다.

마선숙의 「전봇대의 혀」는 21세기에도 도시 변두리의 소통 방식에 유의한다. '실종된 사람들 전봇대에 다 숨어있다/ 부착 방지용 뾰족이 틈새로 낡은 가발처럼 달라붙어 있다/ 모든 걸 용서할 테니 집으로 돌아오라는 호소는/ 눈물처럼 펄럭이고/ 유괴된 아이를 찾는다는 울먹임은 쇠창살처럼 먹먹하다/ 돈 빌려준다는 전단지는 사람을 어지럽게 유혹하고/ 스포츠센터 다이어트 광고는 여자들 계모임처럼 야양 떨고 있다.'

전자 매체가 극성을 부리는 시대에도 여전히 일부 사람들은 전봇대를 매체로 하여 소통하고자 한다. 전봇대는 집나간 사람이나 개를 찾는 주부나 학생, 가난한 사람을 유인하려는 더 가난한 대부업체나 영세한 스포츠센터의 알바생들의 모습을 비추어준다. '전봇대의 혀'는 결국 모두 글로벌시대의 소통 구조방식으로부터 소외된 , 즉 복판에서 밀려난 변두리 삶의 정체된 모습을 파노라마처럼 조명한다.

신긍철 역시 포천에서 생계를 꾸려가면서 시골 동네의 모습을 잘 보여준다. 「부도」, 「결로」에서도 결코 낭만적이지 않은 21세기 농촌의 살풍경한 현실을 풍자적으로 묘사하면서 쓴웃음을 삼킨다. '그 집의 지붕은 폭파되었다/ 금 간 곳에 매설된 근저당이 문제였다/ 둥둥 떠다니는 책 기타 스케치북/ 젖어가는 앨범 속 사진들/ 장마가 지나갈 때까지/ 방에 차오르는 물을 퍼내며/ 비를 맞았다'(「부도」)는 구절에서 부도 맞은 농가의 현장을 한심스럽게 지켜보는 시인의 시선이 느껴진다. 지켜보는 시선으로부터 생활에 지쳐있는 것은 대상이 아니라 어쩌면 화자 자신이 아닐까하는 안쓰러운 느낌이 든다.

과거의 흔적에서 벗어나기 혹은 희망으로 나아가기

시문방의 또 다른 메시지는 과거를 혹은 일상의 흔적을 되짚어 자아를 긍정하고자 애쓰는 공감의 미덕, 곧 희망으로 나아가는 것이다.

이영환은 과거의 흔적을 더듬어 새로운 열망을 갖고자 한다. '돌산 자락 바위 속에 묻힌 아기장수'로부터 김남주 시집에 이르기까지, 은적암에서는 최제우를, 김남주의 시집에서는 사랑의 비망록을 만난다. 흔적에는 미래를 위한 답이 있으리라 믿는다. 황지영의 「구멍」, 윤세민 「도시에 뜨는 달」 역시 과거의 흔적에서 자아를 발견하고자 하는 시이다. 어린시절의 공포로부터 자아의 여린 모습을 찾아 위로받고자 한다.

금융 글로벌 시장경제가 지배층과 결탁한 결과, 대중문화는 과거 몇 명이 모여 누렸던 사소한 오락거리까지 게임이나 채널 티브이라는 매체로 완벽하게 잘 세팅해 재탕 삼탕 팔아먹고 있다. 사회에서 실업이 대

세고, 삼포니 엔포니 하며 자조하는 습관이 굳어진 시대의 우리들은 무엇을 꿈꾸고 무엇을 향해 갈 수 있을까? 하나의 굴레는 또 다른 굴레를 파생시켜 희망을 짓누르는 악의 뿌리를 정확히 알기가 어렵다. 파생된 또 다른 굴레에 우리들의 현재도 짓누르는 무게에 여전히 숨가쁘다.

장수라의 시를 읽어보면 사랑을 이미 아는 사람만이 느낄 수 있는 고독이 심하게 다가온다. '네가 멀리 있어서가 아니야/ 눈이 먼 날 먼저 지워줄래/ 안으로 뻗어나갈 수 없어 끌려가던 나는/ 곧 기린이 되어 버리지' (「자전거는」)라거나 '마흔 여섯의 생일 아침/ 택배로 온 장미 마흔 여섯 송이/ 네모난 신방에 수줍은 신부의 표정이/ 깊고 고요하였다' (장수라, 「내 사랑은 택배로 왔다」)고 홀로 갇혀 스스로를 위로한다.

정성채도 심각하기는 매일반이다. '미루고 미뤄오던 속엣 말은/ 정말 내거였는지/ 이제껏 안고 산 네가 정말 너 맞는지' (「始作 詩作」) 적잖이 살아온 삶의 흔적을 제고해보려는 무모함이 배어 있다. 시인 김영랑 생가에 가서도 '거기에 모란 따윈 없었다' 고 한다. 심지어 '떨고 있을 영랑 생가 밀랍인형에/ 웃음 짓누르며 걷는' (「사월」)다고 한다.

조진옥은 샴푸 하다 막힌 하수구에 죄책감을 갖는 아기자기한 일상적 공덕 쌓기를 게을리 하지 않는다. 평범한 소재로부터 겸손한 시적 일탈을 꿈꾼다. '바람이 슬그머니 기세를 떨치자/ 순간 몸을 비틀어 공중으로 부양하는/ 투명한 비닐 봉지 하나'(「바람을 기다리다」)에서 보이듯 가장 흔한 소재의 움직임에서 희망을 품는 프레임이 시야에 잡힌다.

한명환은 일상성에서 이어온 낡고 굳어있는 흔적들로부터 탈각하여 새로운 전설, 희망으로 나아가고자 한다. 「혈구산」, 「도심 은행 알을 밟다」 등은 여전히 옛 추억의 편린으로부터 현재의 삶을 갱생하고자 모색 중이다. 모두가 가닥이 잡히진 않지만 시간을 벌며 희망을 포기하지 않는다.

시문방 중 가장 개성이 강한 시인을 들라면 단연 한도훈이라 할 수 있다.

무엇보다 그는 방언의 복원사이다. 예를 들면, 보통 사람들은 양말 한 짝, 외짝 양말이라고 말 할 때 그는 '짝짝이 양말'이라고 한다. '정이 따북따북 붙으면'이라고 한다. 한도훈의 전라도 남쪽 방언의 복원 노력은 의태어의 잦은 사용과도 관련된다. '다들 건배, 건빠이를 외치며 엉덩이를 들썩거렸지'(「매기의 서열」) 같은 표현은 다른 클리쉐한 방언 표현에 비해 생동감이 넘친다. 그가 추구하는 전통적 사설조의 내용성이 21세기 판타지 풍의 내러티브와 부딪치면서 어떻게 굴절되어 나아갈지 눈여겨볼 만하다.

석연경은 늦게나마 시의 새싹을 키우는 중이다. 「백양사 고불매」, 「순천만」은 여행시로서, 「복숭아 성전」,

「윤슬」은 감성시로서의 싹을 돋우고 있다. 그에게 시는 곧 새 희망의 아름다운 '성전' 이 될 것만 같다.

'시문 작가회' 는 작년 12월 처음 만나 모임을 시작한 지 일 년 남짓 되었다. 한 달에 한 번 모이고 시문방에서 카톡을 주고 받다 보니 이렇듯 제1집의 공동시집을 내게 된 것이다. 잠깐 동안 시들을 일별하면서 시문방의 특성을 조금 알게 되었다. 과거의 은폐된 상처와 흔적들로부터 자아를 일으켜 세워 조금씩 새로 걸음마를 내딛어 보는 것. 갇혀있었던 가련한 내면의 나를 보듬어 성숙한 주체로 일으켜 세워보는 것이다. 우리는 왜 시를 쓰려 하는가, 무엇이 우리를 모이게 하는가에 대한 조그마한 답이다.

시문방이 첫 공동시집으로 첫발을 내딛도록 도와주신 《시와문화》 박몽구 주간님께 감사드린다. 아울러, 그동안 수고해 주신 총무 장수라 시인, 모임에 동참해 주신 마선숙, 한도훈, 황희수, 김림, 김선, 이소율, 윤세민, 김은옥, 정성채, 장우원, 신긍철 시인들께 감사한다. 거리가 멀어 가까이하지는 못했지만 선뜻 공동시집에 동참해 주신 조진옥, 황지영, 이영환, 석연경 시인들께도 따로 감사한다. 재주가 충만하다는 2016년 병신년 새해가 열일곱 시인 모두에게, 문운이 왕성해지는 해가 되기를 기도한다.

말들이 얼룩말 되어

찍은날 2016년 1월 10일
펴낸날 2016년 1월 15일
지은이 한명환 · 장수라 외
펴낸이 박몽구
펴낸곳 도서출판 시와문화
주 소 (13955) 경기 안양시 동안구 경수대로 883번길 33,
비산동 꿈에그린아파트 103동 204호
전 화 (031)452-4992
E-mail poetpak@naver.com
등록번호 제2007-000005호 (2007년 2월 13일)

ISBN 978-89-94833-20-0(03810)

정 가 10,000원